LA ESPERANZA DE UNA MADRE

Un Devocional ***para Usar en el Primer Año de su Bebé***

LA ESPERANZA DE UNA MADRE

Un Devocional ***para Usar en el Primer Año de su Bebé***

MELISSA HEILAND

HENDRICKSON

La Esperanza de una Madre:
Un Devocional para Usar en el Primer Año de su Bebé

3 Centennial Drive
Peabody, Massachusetts 01960
www.hendricksonpublishers.com

ISBN 978-1-61970-495-4

Para más información, comuníquese con:

Melissa Heiland
mheiland@comcast.net
www.beautifulfeetinternational.com

Impreso en los Estados Unidos de América

35 34 33 32 31 30 29 28 27 26
15 14 13 12 11 10 9 8 7 6

Este libro está dedicado a la mujeres valientes que escogieron dar vida a sus hijos a pesar de dificultades abrumadores. Ha sido mi honor y privilegio conocerte y orar contigo. Eres valiente, fuerte y abnegada. ¡Que Dios te siga bendiciendo!

Agradecimientos

En primer lugar doy gracias a mi Señor y Salvador Jesucristo. De Él viene toda buena dádiva.

Gracias a mi esposo Ken, quien siempre me muestra el amor de Dios a través de sus acciones.

Gracias a mis hijos: Michael, Josh, Melissa, Jack, Andy y Nick. Que Dios les siga guiando y protegiendo cada día.

Gracias a tantos hombres y mujeres que trabajan incansablemente en centros pre-natales por su amor a Dios y a las mujeres. Especialmente quiero agradecer a mis colegas en el Centro de Embarazo de Florida Central. Unir escudos con ustedes es un gozo.

Estoy agradecida a Carlos y Karen Feijoo por traducir este libro con amor y cuidado.

Querida amiga . . .

¡Felicitaciones! Estás embarcándote en el hermoso y precioso viaje de ser mamá. Ya sea que este sea tú primer o tu sexto bebé, es un tiempo de deleite y reto en tu vida. Yo espero y oro que, a pesar de las dificultades que enfrentarás, tomes tiempo aparte con el Señor Jesús para hacer estos devocionales. Yo creo que el Señor te animará mientras tomas tiempo para estar en Su palabra.

Hay un espacio para que reflexiones y anotes tus pensamientos mientras vas leyendo este libro. Espero que sirva como un recuerdo especial de estos días asombrosos mientras te acercas más a tu bebé y a tu Padre Celestial. ¡Yo oro que Dios bendiga a tu bebé y a ti!

Con amor y bendiciones,
Melissa

SEMANA 1

La Protección de un Bebé

Lee Éxodo 2:1–10

La hermana del niño preguntó entonces a la hija del faraón: ¿Quiere usted que vaya ay llame a una nodriza hebrea, para que críe al niño por usted? (v. 7)

El pueblo de Dios, los israelitas, estaban viviendo pacíficamente en Egipto, cuando el rey de Egipto comenzó a tenerles miedo. Él temía que su número crecería tanto que se levantarían y pelearían en contra de él, entonces creó un plan en el cual todos los bebés israelitas iban a ser matados. Moisés nació bajo esta ley, pero la madre de Moisés escogió proteger a su hijo. Ella le escondió por tres meses, y cuando no lo pudo esconder más, ella preparó una cesta de papiro y lo puso entre los juncos en la orilla del Río Nilo. Le mandó a su hermana a que vaya a mirar y esperar para ver cómo Dios proveería para su bebé.

¡Y cómo proveyó! La misma hija del rey escuchó los llantos del bebé, y su corazón tuvo compasión por él. Cuando la hermana de Moisés vio a la princesa con su hermano, la preguntó si es que ella desearía que le encuentre una mujer para amamantar el bebé. Cuando la princesa consintió, Miriam regresó con su propia madre, que sirvió como nodriza para su hijo hasta el tiempo que él tenía la edad para ser destetado. Allí su madre le llevó al palacio y la princesa le crió como su propio hijo. ¡Qué historia más hermosa del amor y cuidado de una madre determinada y de la provisión de Dios! ¡Esta madre se paró fuerte contra dificultades y protegió a su bebé de la maldad y destrucción, y Dios puso al niño en un palacio como un príncipe!

Como Dios proveyó un camino para Moisés, Él va a proveer para ti y tu bebé. Aunque las circunstancias parecen desalentadoras, sigue mirando hacia arriba. Dios te ama a ti y a tu bebé y Él te proveerá de una salida (camino).

> Padre, ayúdame a ser fuerte y creativa como la madre de Moisés. Gracias por cuidar de mi y de mi bebé y porque siempre podemos confiar en Ti. Te amamos. Amén.

Escribe aquí una oración por tu bebé.

SEMANA 2

Un Regalo de Dios

Lee 1 Samuel 1

Éste es el niño que yo le pedí al Señor, y él me lo concedió. Ahora yo, por mi parte, se lo entrego al Señor. (vv. 27–28)

Ana era infértil. Aunque su esposo la amaba con todo su corazón, ella lloraba mucho y tenía el corazón roto. Ella le rogaba a Dios que la diera un hijo. Ella le prometió que si Él le daba un hijo, ella se lo entregaría. Dios contestó su llanto de corazón y le dio un hijo, a quien le dio el nombre Samuel que significa, "Al Señor se lo pedí." Y Ana cumplió con su promesa. En cuanto Samuel estaba destetado, ella lo llevó al templo para que aprenda a servir a Dios. Samuel creció para ser un hombre poderoso para Dios.

Tal vez, como Ana, has esperado muchos años para el nacimiento de tu bebé. O tal vez el nacimiento de tu bebé no fue ni anticipado ni deseado.

De cualquier forma, tu bebé es un regalo de Dios, y Dios tiene grandes planes para la vida de tu bebé. El Señor te ha dado este regalo precioso, y ahora debes tomar la decisión de entregar tu bebé a Dios. Cría tu bebé para amar y servir a Dios durante toda su vida. Confía en Dios por las respuestas a tus oraciones y las de tu bebé.

Padre, gracias por darme este bebé hermoso. Ayúdame a criarlo para servirte y obedecerte. Ayúdame a entregarlo a Ti. Amén.

¿En qué necesidad estás confiando en Dios?

SEMANA 3

El Vientre Materno

Lee Salmo 139

Tú creaste mis entrañas; me formaste en el vientre de mi madre. ¡Te alabo porque soy una creación admirable! ¡Tus obras son maravillosas, y esto lo sé muy bien! (vv. 13–14)

Mientras miras a los ojos de tu bebé, tú ves la obra de la mano de Dios.

Él formó a tu bebé en tu vientre. Es algo asombroso pensar que este bebé fue formado y creció dentro de tu propio cuerpo. ¡Nuestro Dios es maravilloso! Y tal como Dios conoce todo sobre tu bebé, él también conoce todo sobre ti. Tú eres también una creación especial de Él.

Como David, el autor de este salmo, nos recuerda que, Dios conoce nuestros pensamientos y nuestros caminos. En cada situación y circunstancia, Dios está allí sosteniéndote, protegiendo a tu bebé y a ti. Descansa en el conocimiento que eres una maravilla hecha por Dios.

> Gracias, Dios, por mi bebé. Tú le has hecho como una maravilla. Yo te agradezco que Tú me hiciste como una maravilla también. Ayúdame a descansar hoy en Ti, y a saber que Tú siempre estás conmigo. Ayúdame a sentir Tu presencia. Amén.

Describe el bebé que Dios te ha regalado.

SEMANA 4

Una Promeso de Bendición

Lee Proverbios 20:7

Justo es quien lleva una vida sin tacha;
¡dichosos los hijos que sigan su ejemplo!

¡Que promesa! Dios nos dice que si tenemos una vida sin tacha, nuestros hijos serán bendecidos por Dios. Esta es una promesa tremenda, pero tal vez te preguntes; ¿Cómo puedo ser piadosa? Seguramente Dios ve mi corazón y mi vida y Él sabe todo lo malo que he hecho.

Gálatas 3:6 dice, *"Así fue con Abraham: 'le creyó a Dios, y esto se le tomó en cuenta como justicia.'"* Dios sabe que no eres justa por tus propios méritos. Su Palaba dice, *"Todos nuestros actos de justicia son como trapos de inmundicia."* (Isaías 64:6). ¿Entonces cómo podemos tener una vida sin tacha o justa y ganar bendición para nuestros hijos? Otra vez, por la fe en Jesucristo. *"Al que no cometió pecado alguno, por nosotros Dios lo trató como pecador, para que en él recibiéramos la justicia de Dios"* (2 Corintios 5:21). Cree en Dios hoy, y tú serás acreditada con justicia. Jesús ha pagado el precio para que puedas ser justa y sin tacha, y Dios bendecirá a tus hijos.

Gracias Padre, que has bendecido a mi bebé. Te agradezco que Jesús pagó el precio por mí para que yo pueda ser justa y sin tacha delante de Tí. Yo sé que no merezco esto, pero estoy agradecida por Tu amor y bendiciones para mí y mi bebé. Amén.

Escribe una oración de gratitud a Dios.

SEMANA 5

Una Promesa para el Futuro

Lee Proverbios 22:6

Instruye al niño en el camino correcto,
y aun en su vejez no lo abandonará.

La Biblia está llena de promesas. Tal vez en tu vida has sido desilusionada por personas quienes han quebrantado promesas que te han hecho. Promesas quebrantadas causan vidas y corazones quebrantados. Pero Dios no puede romper Sus promesas. Él siempre es verdadero y fiel. Dios nos promete que como madres, si es que enseñamos a nuestros hijos a hacer lo que es correcto, ellos no se apartarán de lo bueno cuando sean viejos.

Esta es una gran responsabilidad para nosotras. ¿Cómo sabemos lo que es correcto? Seguimos la Biblia. Estudiamos la Palabra de Dios y oramos. Por supuesto que van a llegar días difíciles y tiempos desalentadores. Pero podemos agarrarnos de las promesas de Dios para nosotras por nuestros hijos. Nuestra tarea es dura, pero trae grandes premios.

Padre, te agradezco porque eres un Dios de confianza. Tú siempre guardas Tus promesas. Ayúdame a enseñar a mi bebé a estar en el camino correcto. Y te agradezco porque cuando él sea grande, él hará lo que es justo. Gracias Padre. Amén.

Dile a Dios qué sueños tienes por tu bebé.

SEMANA 6

Una Promesa de Descanso

Lee Mateo 11:28–30

"Vengan a mí todos ustedes que están cansados y agobiados, y yo les daré descanso. Carguen con mi yugo y aprendan de mí, pues yo soy apacible y humilde de corazón, y encontrarán descanso para su alma. Porque mi yugo es suave y mi carga liviana."

Cuidar de un bebé puede ser un trabajo muy duro. Yo me acuerdo de estar como zombi esas primeras semanas de la vida de mis hijos. Jesús nos dice que si venimos a Él, Él nos dará descanso. Tal vez estás llevando muchas cargas como preocupación económica, relaciones turbulentas, o salud deteriorada. Jesús nos dice que debemos darle todos nuestros problemas.

Nuestros problemas pueden ser abrumadores, mucho más de lo que podemos manejar solas. La verdad maravillosa es que no estamos solas. Jesús está dispuesto y listo para llevar nuestras cargas. La Biblia dice, "*Encomienda al Señor tus afanes, y él te sostendrá; no permitirá que el justo caiga y quede abatido para siempre*" (Salmo 55:22). Jesús puede dar no solo descanso para tu cuerpo, sino para tu alma abatida. Confía en Él hoy.

Gracias Padre, que puedo encomendar todas mis preocupaciones a Ti. Tú conoces cada circunstancia de mi vida y confío que Tú me vas a cuidar. Gracias porque en Ti puedo encontrar paz y descanso. Amén.

¿Qué quieres confiarle a Dios hoy?

SEMANA 7

La Esperanza de Una Madre

Lee Isaías 66:13

"Como madre que consuela a su hijo, así yo los consolaré a ustedes."

Como mamá, una de tus tareas principales es de consolar a tu bebé. Cuando está mojado, le cambias el pañal. Cuando está con hambre, le das de comer. Cuando se siente solo, le tomas en tus brazos. Dios hará lo mismo para ti, mi hermana. Cuando los días son obscuros y fríos, Él te traerá calor y luz.

"Una vez más Jesús se dirigió a la gente, y les dijo: 'Yo soy la luz del mundo. El que me sigue no andará en tinieblas, sino que tendrá la luz de la vida'" (Juan 8:12). Cuando estás hambrienta de discernimiento y sabiduría, Él te dará de comer de Su Palabra. *"Yo soy el pan de vida"—declaró Jesús—el que a mi viene nunca pasará hambre, y el que en mi cree nunca más volverá a tener sed."* Cuando te sientes sola, Él te consolará. El Señor dice, *"Así como estuve con Moisés, también estaré contigo; no te dejaré ni te abandonaré"* (Josué 1:5).

Padre Celestial, estoy agradecida porque Tú me consuelas como yo consuelo a mi bebé. Ayúdame a ser una buena madre. Oro esto en el nombre de Jesús. Amén.

Dile a Dios lo que te está preocupando.

SEMANA 8

Cuerdas de Ternura

Lee Oseas 11:1–4

"Lo atraje con cuerdas de ternura, lo atraje con lazos de amor. Le quité de la cerviz el yugo, y con ternura me acerqué para alimentarlo." (v. 4)

Los israelitas fueron hijos de Dios. Vivían en esclavitud bajo el poder de los egipcios, y habían rechazado a Dios. Estaban viviendo completamente aparte de Dios, hasta el punto de hacer sacrificios a ídolos. Pero aún así su Padre Celestial tenía compasión sobre ellos. Dios les alcanzó con ternura, aún estando ellos en pecado. Él levantó las cadenas de cautiverio de sus cuellos y les alcanzó desde el cielo para darles tiernamente de comer.

Tal vez hoy te encuentras en cautiverio. Tal vez estás bajo la esclavitud de pecado: alcohol, drogas, relaciones impías, mentiras o vanidad. Tal vez estás en rebelión contra Dios, y tu vida está bajo tu control. Tu Padre desea alcanzarte desde el cielo para quitarte esas cadenas que te atan. Regresa a Él, y Él te llevará a un lugar de libertad y seguridad. Allí tú encontrarás descanso mientras Él te dará todo lo que necesitas de Su tierna y poderosa mano.

Gracias, Señor, por Tu bondad y amor. Perdóname por mi rebelión. Rechazo los pecados que me atan y me entrego a Ti como mi Salvador y Señor. En el nombre de Jesús, amén.

¿De qué quieres ser libre?

SEMANA 9

El Más Importante en el Reino

Lee Mateo 18:1–6

"Y el que recibe en mi nombre a un niño como éste, me recibe a mí." (v. 5)

Jesús ama a los niños. Una y otra vez vemos esto en Su Palabra. De hecho, cuando los discípulos preguntaron a Jesús, "¿Quién es el más importante en los cielos?", Él respondió llamando a un niño y diciéndoles a ellos que tenían que cambiar para ser como niños para poder entrar al reino de los cielos. Dios quiere que seamos como niños, dispuestos a confiar y seguir sin temor.

Y Jesús continuó. Él nos dice que cuando recibimos a un niño en el nombre de Él, le recibimos a Él mismo. Jesús se regocija cuando amas a tu bebé.

Y Jesús les advirtió a sus discípulos. ¡Él dijo que si alguno hace pecar a un niño, mejor sería que se hundiera en el mar!

Regocíjate mi hermana en el conocimiento que Jesús te ama y ama a tu bebé. Mientras tú lo cuidas, le haces sonreír a Jesús. Recuerda, hermana querida, de enseñar a tu bebé a seguir a Cristo. A ti se te ha encargado una gran responsabilidad. Manéjalo con cuidado.

Gracias Padre por amarme a mí y a mi bebé. Ayúdame a enseñarle siempre seguirte mientras yo busco hacer lo mismo. En el nombre precioso de Jesús, amén.

Agradece a Dios por amarte y por amar a tu bebé.

SEMANA 10

La Bendición de Jesús

Lee Marco 10:13–16

Y después de abrazarlos, los bendecía poniendo las manos sobre ellos. (v. 16)

Multitudes de personas estaban siguiendo a Jesús. La Biblia dice que estaban trayendo a niños pequeños para que Él los bendiga. Los discípulos estaban como guardaespaldas, mandando que los niños se alejaran de Jesús. Tal vez creían que Jesús era demasiado importante para tomarse tiempo con niños. Sus acciones indignaron a Jesús. La misma idea de que Él no quería estar con los niños fue ofensiva para Jesús. Como puedes ver, el corazón de Jesús es muy tierno hacia los niños. Él quiere que recibamos Su reino como un niño pequeño, confiando completamente.

Aún ahora, Jesús te alcanza desde el cielo, abrazándote a ti y a tú bebé, y bendiciendo a los dos. Tú ves como tú bebé te busca para satisfacer sus necesidades. Él encuentra todo lo que necesita en tus brazos: fuerza, ternura, amor, protección. Tú puedes encontrar la misma seguridad en los brazos de Jesús. ¡Confía tu vida a Él hoy!

Gracias Jesús, por tu cuidado tierno. Ayúdame a confiar en Ti tal como mi bebé confía en mi. Yo sé que vas a tener cuidado perfecto de nosotros. Amén.

Dile a Dios cómo lo amas.

SEMANA 11

No Olvides

Lee Deuteronomio 4:9–14

"¡Pero tengan cuidado! Presten atención y no olviden las cosas que han visto sus ojos, ni las aparten de su corazón mientras vivan." (v. 9)

Piensa en todas las bendiciones que Dios te ha dado en tu vida. Es fácil enfocarnos en lo que *no* tenemos, pero hoy piensa en tus bendiciones. Mira a los ojos del bebé que Dios te ha dado y se agradecida por la vida que Dios te ha encargado. Nunca dejes que la verdad de que tu bebé es una bendición se aleje de tu corazón.

A veces nos agobian las deudas, los quehaceres y las preocupaciones de la vida. Hoy es el día que recordamos las bendiciones de Dios. ¿Hay personas en tu vida que te han cuidado, escuchado, animado? ¿Tienes un techo sobre tu cabeza y comida para ti y tu bebé? ¿Tienes una copia de la Palabra de Dios, la Biblia? ¿Tienes un Salvador que te alcanzó y te salvó?

Padre, estoy tan agradecida por todo lo que has hecho por mí. Te doy gracias por el privilegio de poder hablar contigo como tu hija. Te doy gracias por mi bebé hermoso. Yo oro en el nombre de Jesús, amén.

Haz una lista de todas tus bendiciones.

SEMANA 12

¿Qué significan estas piedras?

Lee Josué 4:4–7

"En el futuro, cuando sus hijos les pregunten: '¿Por qué están estas piedras aquí?', ustedes les responderán: 'El día en que el arca del pacto del SEÑOR cruzó el Jordán, las aguas del río se dividieron frente a ella.'" (vv. 6–7)

Para poder entrar a la tierra que Dios había prometido a Sus hijos, tenían que cruzar el Río Jordán. Los sacerdotes tenían que cargar el arca del pacto, que contenía la presencia misma de Dios. Cuando el pueblo de Dios, los israelitas, llegó a la orilla del río, el Jordán estaba desbordando. Al momento que sus pies tocaron la orilla del río, el agua que venía de arriba dejó de fluir y formó un muro y dejó de correr el agua hacía el mar. Los sacerdotes pisaron tierra seca en la mitad del río mientras toda la nación cruzó el río sobre tierra seca (Josué 3:15–17). Dios les indicó que coloquen piedras en el lugar que los sacerdotes habían pisado la orilla como monumento conmemorativo de cómo Dios proveyó para ellos.

Piensa en lo que Dios ha hecho por ti. Haz un monumento conmemorativo para que puedas algún día decir a tu bebé cómo Dios te ha bendecido. Puedes colocar piedras o plantar un árbol.

Señor, te doy gracias por los regalos que Tú me has dado. Ayúdame a recordar decirle a mi hijo de Tus provisiones. Amén.

Escribe una carta hoy diciéndole a tú bebé cómo Dios te ha cuidado.

SEMANA 13

¡Qué Majestuoso Es Su Nombre!

Lee Salmo 8

Oh Señor, soberano nuestro,
¡qué imponente es tu nombre en toda la tierra!
¡Has puesto tu gloria sobre los cielos!
Por causa de tus adversarios
has hecho que brote la alabanza
de labios de los pequeñitos y de los niños de pecho,
para silenciar al enemigo y al rebelde. (vv. 1–2)

El mismo Dios que colocó la luna y las estrellas en cielo está preocupado por ti. A Él le importa tu trabajo, tu colegio, tus cuentas y tu bebé. Si es que es importante para ti, es importante para Dios. Esta noche, toma tiempo para mirar a los cielos. Mira la obra de Dios, y reconoce que Dios te está mirando de la misma manera amorosa que tu miras a tu bebé. Alaba su nombre. Canta al Señor por su majestad y gloria.

Mientras tienes en brazos a tu bebé, cántale una canción que habla de Jesús. Canta una canción que aprendiste de pequeña. Canta Salmo 8 o crea tu propia canción de adoración. Tu bebé y Jesús van a sonreir mientras cantas.

Oh Señor, soberano nuestro, ¡que imponente es tu nombre en toda la tierra!

Escribe una canción de alabanza a Jesús.

SEMANA 14

No tengas Miedo

Lee Salmo 112

El justo será siempre recordado;
ciertamenta nunca fracasará.
No temerá recibir malas noticias;
su corazón estará firme, confiado en el Señor. (vv. 6–7)

Este salmo describe la vida de alguien quien confía y obedece a Dios.

Él es bendecido y sus hijos son fuertes. Lo bueno le llega, como él es generoso con los demás. Aun en tiempos difíciles, él ve la luz al final del túnel. Él da a los pobres. Él no tiene miedo, porque su confianza está en el Señor. Si tú amas y obedeces a Jesús, tú eres esa persona.

Puede haber momentos cuando el temor inquieta nuestra mente. Di en voz alta, "Yo no tengo temor de recibir malas noticias. Mi corazón confía en el Señor." Dios te dará esa paz que sobrepasa todo entendimiento. Él guardará tu corazón y tu mente en Jesús (Filipenses 4:7). Tú y tus hijos son bendecidos.

Esta es una promesa de Dios. Aun cuando el mundo está tambaleando a tu alrededor, puedes contar con la ayuda de Jesús.

Gracias, Señor, que soy bendecida y que mis hijos serán poderosos. Ayúdame a no temer pero a poner mi confianza en Ti. Amén.

Escribe todo el Salmo 112 y reclama estas promesas como propias.

SEMANA 15

Belleza Verdadera

Lee Proverbios 31

Engañoso es el encanto y pasajera la belleza;
la mujer que teme al Señor es digna de alabanza. (v. 30)

Es difícil ser una mujer en nuestra sociedad. Siempre estamos siendo bombardeadas por mensajes de ser bella, joven, flaca, y perfecta. Sentimos que nunca podemos ser como las modelos que vemos en la televisión y las películas Puede ser muy difícil ver estas imágenes irrealistas día tras día. El mensaje que recibimos es que nuestro valor depende de nuestra apariencia. Nuestra apariencia determina quiénes y qué somos. Eso es una mentira.

La Palabra de Dios es la verdad. Esta palabra nos dice que encanto y belleza son engañosos y pasajeros. Belleza verdadera se encuentra en la mujer que respeta y honra al Señor. Si tú sigues al Señor en tu vida, tus hijos te llamarán bendecida. Tu bebé y tu Dios ven a la mujer hermosa que eres por tu amor a Jesús. Sé la mujer piadosa para la que fuiste creada.

Dios, yo quiero agradecerte por crearme y hacerme hermosa. Ayúdame a enfocarme en la belleza interior, que viene por obedecerte. Ayúdame a recordar que soy especial porque Tú me amas. Amén.

Enumera las características que te hacen hermosa (por ejemplo, cariñosa, paciente, generosa, etc.).

SEMANA 16

Nuestro Defensor

Lee Isaías 49:25

"Contenderé con los que contiendan contigo,
y yo mismo salvaré tus hijos."

A veces enfrentamos oposición en nuestras vidas. Puede ser un compañero de trabajo celoso o un vecino enojado. A veces es un familiar que está portándose como el enemigo. Jesús nos aclara que Él es nuestro defensor. No te preocupes, mi hermana. Si es que estás siguiendo a Jesús, Él te está defendiendo.

Continúa haciendo lo que es correcto a pesar de que los demás alrededor tuyo están engañando, mintiendo e hiriendo a otros para avanzar en el mundo. Di la verdad. Trata a otros con respeto y gentileza. Confía que Dios va a pelear tus batallas por ti. Él dice que contenderá contra los que contiendan contigo. Él salvará a tus hijos.

Nuestra cultura nos dice que debemos cuidar al número uno. El mensaje de la Biblia es diferente. La Palabra de Dios nos dice que hay que amar a nuestros enemigos y mostrar la otra mejilla. Dios está a tu lado cuando estás obedeciéndole. Y si Dios está con nosotros, ¿quién contra nosotros? (Romanos 8:31).

Gracias, Dios, por ser mi escudo y mi defensor. Ayúdame a hacer lo correcto, aun cuando todos al mi alrededor no lo estén haciendo. Confío en Ti. Amén.

¿En qué área de tu vida necesitas confiar más en Dios?

SEMANA 17

No Te Preocupes

Lee Mateo 6:25–34

"Más bien, busquen primeramente el reino de Dios y su justicia, y todas estas cosas les serán añadidas." (v. 33)

Parece que la maternidad y la preocupación van de la mano. Nos preocupamos sobre qué van a comer nuestros hijos, con qué se van a poner, cuando duermen, y si su desarrollo es normal. Y después nos preocupamos dónde van a estudiar y con quien se casarán. Podemos quedarnos despiertas toda la noche preocupándonos por nuestros bebés.

Pero Dios tiene otro plan. Él nos dice que no tenemos que preocuparnos, porque Él tiernamente cuida de nosotras y de nuestros bebés. Él nos dice que miremos cómo Él da de comer a las aves y cuida a los lirios. Y Él nos recuerda que somos mucho más valiosas para Él que ellos. Dios nos dice que necesitamos seguirle y Él nos dará todo lo que necesitamos. La mejor forma para nosotras cuidar de nuestros hijos es estudiar la palabra de Dios y ponerla en práctica en nuestras vidas. Seguir a Dios cada día y confiar el cuidado de tus hijos a Él.

Padre, Te doy gracias por Tu promesa de cuidar de mí y mi bebé. Ayúdame a aprender Tus caminos y a obedecer. En el nombre de Jesús, amén.

Haz una lista de las cosas que confías que Dios va a cuidar.

SEMANA 18

Recibiendo Regalos

Lee Mateo 7:7–11

"Porque todo el que pide, recibe; el que busca, encuentra; y al que llama, se le abre." (v. 8)

¡Amas tanto a tu bebé! Cuando lo miras a los ojos, quieres darle el mundo. Quieres protegerlo de todo mal y hacer que todos sus sueños se cumplan. ¡Así es como Dios siente por ti! Si tú has aceptado a Jesús como tú Salvador, eres hija de Dios. ¡Y aunque es difícil imaginar, Dios te ama más de lo que tú amas a tu bebé! Él anhela protegerte y darte regalos. Él quiere que le pidas que provea para ti. A veces nosotras sentimos que no queremos molestar a Dios con nuestras necesidades y deseos. Pero Su Palabra nos dice que Él dará dádivas a quienes le piden.

¿Tienes una necesidad o sueño para ti o tu bebé? Díselo a Dios. ¡Él está esperando ansiosamente bendecirte con oración contestada!

Padre, te doy gracias porque eres un Padre amoroso, bondadoso y generoso. Tú conoces mis necesidades, las esperanzas y los sueños que tengo para mí y mi bebé. Por favor, satisface los deseos de mi corazón mientras yo sigo por tus caminos. Amén.

Escribe una oración pidiendo a Dios que se realicen tus sueños.

SEMANA 19

Tienes Valor

Lee Mateo 10:29–31

"Y él les tiene contado a ustedes aun los cabellos de la cabeza." (v. 30)

A veces sentimos como si fuéramos invisibles, como que los demás no nos ven y a nadiele importa que existamos. Nos sentimos completamente solas. Nada podría estar más lejos de la verdad. ¿Sabías que Dios sabe cuántos cabellos tienes en tu cabeza? Él está tan preocupado por ti que conoce cada detalle de ti. Él sabe cuándo cepillas tu pelo y cuando se cae una lágrima de tus ojos. La Biblia nos dice que Él guarda nuestras lágrimas en un frasco (Salmo 56:8).

Cuando lloras solita en la obscuridad de la noche, Dios está allí contigo. Tú realmente nunca estás sola porque Dios siempre está a tu lado, preocupado por las cosas que están en tu corazón y mente. Habla con Él a través de la oración. Déjale calmar tus temores. Escucha Su voz a través de la lectura bíblica. Él te hará recordar que "no debes tener miedo. Eres tan valiosa para Mí." Dios te ama tanto que mandó a Su hijo a morir por ti. Tienes mucho valor para Dios.

Padre, gracias por amarme y preocuparse de todo lo que para mí es importante. Confío que Tú me vas a cuidar. Amén.

Escribe tu propia oración agradeciendo a Dios por darte tanto valor.

SEMANA 20

Regalar Compasivamente

Lee Marcos 6:30–37

Cuando Jesús desembarcó y vio tanta gente, tuvo compasión de ellos, porque eran como ovejas sin pastor. Así que comenzó a enseñarles muchas cosas. (v. 34)

Jesús y sus discípulos habían estado atendiendo a la gente todo el día. La Biblia nos dice que como había tanta gente yendo y viniendo, que decidieron tomar un barco para poder apartarse de la multitud y descansar un poco. Pero, mientras estaban saliendo, la gente les reconoció y se adelantaron personas de otras aldeas para esperarles. Cuando Jesús llegó a la orilla y vio la multitud, aun estando muy cansado, sintió compasión por ellos. Aunque Él pensaba descansar un poco, por el gran amor hacia la gente, Él les enseñó muchas cosas en vez de tomar un descanso. Sus discípulos le dijeron a Jesús que debe mandar a la multitud para que vayan a comprar comida, pero la respuesta de Jesús es que ellos debían darles de comer.

Como eres una mamá, muchas veces te sientes muy cansada. Tú quieres tiempo para descansar, pero parece que tu bebé siempre te necesita. Jesús sabe cómo es seguir cuando tu cuerpo pide descanso. Mírale a Él como tu ejemplo, y confía en Él para darte fuerza.

Gracias, Dios, por Tu ejemplo de entrega sin egoísmo. Ayúdame a seguir tu ejemplo mientras yo proveo para mi bebé. Amén.

Escribe una descripción de lo que tú y tu bebé han hecho hoy.

SEMANA 21

Orando Juntos

Lee Mateo 18:19–20

"Porque donde dos o tres se reúnen en mi nombre, allí estoy en medio de ellos." (v. 20)

Nunca fue el plan de Dios que vivamos solos. Él sabe que necesitamos de otras personas que nos pueden ayudar, fortalecer y animar. A veces como madres, nos aislamos. Parece que todo el mundo está contenido en el círculo de nosotras y nuestros bebés. Esto nos puede dejar sintiendo muy solas. Dios nos dice que debemos orar con otros. Él nos dice que cuando oramos con una o dos personas más, Él está con nosotros. Su Palabra dice que cuando dos personas en la tierra están de acuerdo con algo y lo piden a Dios, será hecho (Mateo18:19).

Hay poder en números. Piensa hoy en alguien que estaría de acuerdo contigo y oraría contigo. Tal vez no conoces de nadie en tu barrio, pero puedes llamar o mandar un texto a una amiga o miembro de tu familia que pueda orar contigo. Busca una iglesia o grupo de madres unidas donde puedes encontrar personas que te puedan apoyar.

Dios, yo te pido que me ayudes a encontrar una amiga piadosa quien oraría conmigo. Gracias por contestar mis oraciones. Amén.

Haz una lista de personas que orarían contigo.

SEMANA 22

Haciendo lo Imposible

Lee Lucas 1:26–38

"Porque para Dios no hay nada imposible." (v. 37)

Cuando miras a tu bebé ves un milagro. Tu bebé es un milagro. Pero imagínate cómo se sintió María, la madre de Jesús, cuando ella miraba a su hijo. Su hijo fue concebido y creció en su vientre aunque ella era virgen. ¡Su bebé fue el Hijo de Dios!

Es posible que planificaste tener tu bebé o tal vez fue concebido bajo circunstancias difíciles. Sin importar las circunstancias que rodeaban su concepción, tu bebé es un regalo. Sin importar qué retos tienes en tu vida, nada es imposible para Dios. Si una virgen puede dar a luz a un hijo, cualquier cosa es posible. La especialidad de Dios es lo imposible.

Tal como Dios vio a María, una joven pobre viviendo en una aldea pequeña, Dios te ve y tiene un plan especial para tu vida y la vida de tu bebé. Tal vez estás enfrentando circunstancias que parecen completamente sin esperanza; crisis económica, crisis de salud, relaciones rotas y sueños destruidos. Recuerda Lucas 1:37 y créelo en tu corazón.

Dios, yo sé que nada es imposible para Ti. Te estoy pidiendo que pongas un camino donde parece que no hay ninguno. En el nombre de Jesús, amén.

¿Qué cosas imposibles estás pidiendo a Dios que haga en tu vida?

SEMANA 23

Sentada a los Pies de Jesús

Lee Lucas 10:38–42

"Marta, Marta," le contestó Jesús, "estás inquieta y preocupada por muchas cosas, pero sólo una es necesaria. María ha escogido la mejor, y nadie se la quitará." (vv. 41–42)

María y Marta eran hermanas. Jesús fue a visitarlas. María estaba sentada a los pies de Jesús escuchándole mientras Marta estaba distraída por todas las preparaciones que le tocaba hacer. Estaba atareada limpiando, cocinando y decorando. Sintiéndose frustrada, finalmente le preguntó a Jesús si Él podía ver que ella estaba haciendo todo el trabajo sola. "*¡Dile que me ayude!*" le rogó.

Marta no recibió la respuesta que estaba esperando. Jesús le dijo que María había tomado la mejor opción. Jesús dijo que es mejor tomar tiempo con Él, escuchando su Palabra, que estar tan ocupada con tareas. Esta es una lección difícil de aprender. Cuando hay mucha ropa que lavar y platos sucios en el lavabo, no es fácil sentarse para leer la Biblia y orar. ¿Qué dirá la gente? Pero la pregunta real es, ¿qué piensa Dios? Y tenemos Su respuesta aquí en la Biblia.

Padre, ayúdame a escoger lo mejor. Ayúdame a tomar tiempo todos los días para sentarme a tus pies y escucharte. Amén.

¿Eres como María o Marta?

SEMANA 24

Protégete de la Avaricia

Lee Lucas 12:13–21

"¡Tengan cuidado!", advirtió a la gente. "Absténganse de toda avaricia, la vida de una persona no depende de la abundancia de sus bienes." (v. 15)

Hay muchas discusiones sobre si las madres deben trabajar fuera del hogar o quedarse en el hogar. Algunas madres tienen que trabajar, algunas escogen trabajar y algunas escogen quedarse en casa. Cada situación es diferente, y debemos cuidar de no juzgar a otras. Y sí, debemos cuidarnos. Obviamente, nuestra primera prioridad son nuestros hijos. La razón por la que algunas mujeres trabajan es por sus hijos, para alimentarles y vestirles y darles un ejemplo de trabajo.

Debemos examinar nuestros motivos. La Palabra de Dios nos advierte de cuidarnos contra la avaricia. Es importante poder separar necesidades y deseos. Nuestros hijos son pequeños por tan corto tiempo. Queremos pasar el mayor tiempo posible con ellos, para criarles. Nunca nos arrepentiremos del tiempo que hemos pasado con nuestros hijos.

Padre, ayúdame a evaluar mi vida y mis elecciones. Guíame a tomar decisiones que te honran. En el nombre de Jesús, amén.

Evalúa tu situación. ¿Por qué trabajas o te quedas en casa? ¿Estás haciendo la mejor elección? ¿Por qué sí o por qué no?

SEMANA 25

El Camino al Cielo

Lee Juan 14:1–7

"Yo soy el camino, la verdad y la vida," le contestó Jesús. "Nadie llega al Padre sin por mí." (v. 6)

Jesús nos dice que no debemos afanarnos, porque Él nos ha preparado un lugar. Ese lugar es el cielo. La Palabra de Dios nos dice que el cielo es un lugar donde no hay tristeza, enfermedad, muerte o lágrimas. El cielo es un lugar hermoso, y nuestros corazones anhelan ir allí algún día. Jesús nos dice que Él es el único camino al cielo.

Nadie es capaz de ir al cielo solo. No somos perfectas ni nunca lo seremos. Nuestro pecado nos separa de Dios. Pero Dios nos ama tanto que mandó a Jesús a morir en la cruz por nuestros pecados. Jesús murió en la cruz y resucitó de nuevo. La vida eterna en el cielo con Dios es un regalo. No lo podemos ganar por obras, lo tenemos que aceptar. Si tú nunca has aceptado el regalo libre de la salvación, lo puedes hacer ahora. Debes admitir que eres una pecadora y que necesitas a Dios. Cree que Jesús murió en la cruz por ti y que resucitó de nuevo. Confiesa a Jesús como tu Señor y Salvador.

Querido Dios, yo sé que soy pecadora y necesito tu perdón. Creo que Jesús murió por mi y que resucitó de nuevo. Yo quiero seguir a Jesús con mi vida. Gracias por salvarme. En el nombre de Jesús, amén.

Escribe una oración agradeciendo a Dios por haber enviado a Jesús a morir por ti para que tú puedas vivir con Él en el cielo.

SEMANA 26

Un Propósito para Mí

Lee Hechos 17:24–31

"De un solo hombre hizo todas las naciones para que habitaran toda la tierra; y determinó los períodos de su historia y las fronteras de sus territorios." (v. 26)

¡Dios tiene un plan para nosotras! Este versículo nos dice que Dios tiene un plan muy específico que incluye los lugares exactos donde debemos vivir. Tal vez no estás viviendo en la casa de tus sueños, pero Dios tiene un plan para ti en donde te encuentres. Nunca pienses que las circunstancias en tu vida son casualidad o accidentales. Dios tiene un propósito en donde te encuentres.

El versículo al inicio nos dice que Dios no está lejos de nosotros. *"Él es quien da a todos la vida, el aliento y todas las cosas"* (Hechos 17:25). Mira a tu alrededor. ¿Hay personas que necesitan una palabra de aliento? ¿Hay alguien que necesita tu ayuda? Mientras estás paseando con tú bebé, ora por las personas que pasan por tu lado. Pídele a Dios que te muestre Su propósito por tenerte en dónde estás.

Dios, yo quiero servirte aquí y ahora. Ayúdame a ver formas de ayudar a las personas que has puesto en mi camino. En el nombre de Jesús, amén.

Haz una lista de las personas que están en tu vida y las formas en las que podrías ayudarles.

SEMANA 27

Buenas Obras

Lee 1 Timoteo 5:9–10

Y que sea reconocida por sus buenas obras, tales como criar hijos, practicar la hospitalidad, lavar los pies de los creyentes, ayudar a los que sufren y aprovechar toda oportunidad para hacer el bien. (v. 10)

Todo el día estás cambiando pañales, meciendo a tu bebé y limpiando lo que sea necesario. Parece ser un ciclo que nunca tiene fin. Los días son largos y las noches aun más largas. Ser madre puede ser un trabajo sin gratitud, con mucho menos belleza que otros trabajos.

Mira que cuando Dios enumeras la lista de buenas obras, Él pone como primero la crianza de los hijos. Estás haciendo una buena obra si cuidas y crías a tu bebé cada día. Puede ser que nadie se da cuenta, pero Dios sí se da cuenta, y Él reconoce tu trabajo. Ten ánimo mientras cuidas a tu bebé. Él crecerá rápidamente, dándote tiempo para otras cosas, como mostrar hospitalidad y ayudar a aquellos con problemas. Mientras tanto, atesora estos momentos con tu bebé. Susurra palabras de amor a su oído. Esas palabras le acompañarán toda su vida.

Padre, gracias por mi bebé. Ayúdame a ser una buena mamá. Amén.

Escribe sobre tu bebé. ¿Qué lo hace especial?

SEMANA 28

Madres Piadosas

Lee Tito 2:3–5

Las ancianas . . . deben enseñar lo bueno y aconsejar a las jóvenes a amar a sus esposos y a sus hijos, a ser sensatas y puras, cuidadosas del hogar, bondadosas y sumisas a sus esposos.

Este pasaje habla de las mujeres mayores enseñando a la mujeres jóvenes. ¿Tienes a una mujer piadosa en tu vida quien te puede enseñar? No sientes que tienes que saber todo por tu propia cuenta. ¡Ser mamá es difícil! Hay tantas decisiones que tomar.

La Biblia nos dice que las mujeres jóvenes necesitan ser enseñadas a amar a sus esposos y a criar a sus hijos. Tal vez tú tienes la bendición de tener a una madre o abuela que te puede enseñar a ser una madre piadosa. Si ese no es el caso, pídele a Dios que te mande a alguien para enseñarte a ser sensata, pura, ocupada con los quehaceres de la casa y bondadosa. Yo creo con todo mi corazón que Él contestará tus peticiones. Una iglesia donde enseñan la Biblia es un buen lugar para encontrar ese tipo de mujer. También hay organizaciones como Madres Unidas donde tienen este propósito. Observa a madres piadosas y aprende de sus ejemplos. Pídeles que te enseñen. Esto sería un honor para ellas, y tú y tu bebé serán bendecidos.

Padre, por favor, envía a alguien a mi vida que pueda enseñarme cómo amar a mi bebé. Gracias por escuchar y contestar mis oraciones. En el nombre de Jesús, amén.

Haz una lista de mujeres a las que puedas pedir que te enseñen a amar a tu bebé. Si no conoces a mujeres piadosas, haz una lista de lugares donde podrías encontrar a una.

SEMANA 29

Confiando en Dios

Lee Génesis 50:15–21

"Es verdad que ustedes pensaron hacerme mal, pero Dios transformó ese mal en bien para lograr lo que hoy estamos viendo; salvar la vida de mucha gente." (v. 20)

José fue el hijo favorito de su padre. Como resultado sus hermanos lo odiaban. Lo odiaban tanto que decidieron matarlo. Lo tiraron en un pozo profundo para morir y mientras esperaron comieron una comida. Cuando alzaron la vista, vieron a un grupo de hombres llegando y decidieron venderlo en vez de matarlo. Se fueron a la casa y dijeron a su padre que un animal salvaje lo había devorado.

Al fin de cuentas, José fue comprado por un hombre muy poderoso, quien confió a José todo lo que tenía. A José le encargó todo el país de Egipto. Sus hermanos terminaron yendo a Egipto para comprar comida porque había hambruna en su país. ¿Adivina a quien tenían que comprarle la comida?

¡El mismo hermano que ellos habían vendido para ser esclavo! Cuando se dieron cuenta que era él, se llenaron de terror. Pero José les perdonó. Los propios hermanos de José fueron increíblemente crueles con él, pero Dios usó esta circunstancia para bendecir ricamente a José. Aunque fue vendido como esclavo, él fue puesto como el encargado de todo Egipto.

¿Hay alguien cercano que te ha traicionado? ¿Estás en una situación terrible? Confía que Dios va a traer algo bueno de esto.

Padre, gracias por cuidarme aun cuando otros me maltratan. Confío que vas a traer lo bueno de cada circunstancia para mi vida. Yo te amo. Amén.

¿En qué circunstancia estás confiando en Dios ahora?

SEMANA 30

El Tierno Pastor

Lee Salmo 23 y Isaías 40

"Como un pastor que cuida su rebaño, recoge los corderos en sus brazos; los lleva junto a su pecho, y guía con cuidado a las recién paridas." (Isaías 40:11)

Ovejas sin un pastor son muy vulnerables. Comen yerbas que las enferma. Cuando se caen, son incapaces de levantarse. Los lobos las devoran. Cuando el pastor está con ellas, él las lleva a pastos verdes y aguas tranquilas. No necesitan tener miedo de animales salvajes, porque el pastor las protege. Si es que caen, él las levanta.

Jesús es nuestro pastor. Con Jesús no tenemos nada que temer. Él es nuestro protector, nuestro proveedor, y nuestro consuelo. Él nos recoge en sus brazos y nos lleva cerca a su corazón. Podemos descansar en sus brazos, sabiendo que Él nos está cuidando.

Mientras consuelas y protejas a tu bebé, Jesús está cuidando de ti. La Biblia nos dice que Jesús tiernamente guía a quienes tienen pequeños. Su corazón está especialmente sensible a ti. Bondad y misericordia te seguirán todos los días de tu vida si confías en Jesús.

Jesús, gracias por tu tierno amor. Amén.

Escribe una oración agradeciendo a Dios por las formas que Él te ha cuidado.

SEMANA 31

Las Manos de Dios

Lee Isaías 49:15–16

"¿Puede una madre olvidar a su niño de pecho,
y dejar de amar al hijo que ha dado a luz?
Aun cuando ella lo olvidara,
¡yo no te olvidaré!
Grabada te llevo en las palmas de mis manos;
tus muros siempre los tengo presentes."

Este pasaje comienza con una pregunta retórica: "*¿Puede una madre olvidar a su niño de pecho y dejar de amar al hijo que ha dado a luz?*" ¡Por supuesto que no! Una madre ama a su bebé todos los días de su vida. No tiene opción. Pero el Señor dice, "*Aun cuando ella lo olvidara, yo no te olvidaré!*"

Él está enfatizando. Si tú le amas tanto a tu hijo, Dios te ama aun más. Nunca pienses que no estás en la mente de Dios. Él te tiene grabado en la palma de sus manos. Nunca pienses que Él se olvida de ti. Imagina las manos de Dios con tu nombre grabado sobre ellas. Tú siempre estás en su mente. Tu eres la niña de sus ojos (Salmo 17:8). Las manos de Cristo tienen cicatrices por los clavos que usaron cuando Él murió en la cruz para que tú pudieras vivir con Él para siempre. Eres así de importante para Dios.

Padre, alabamos tu nombre poderoso. No podemos entender la profundidad de tu amor hacia nosotros pero te agradecemos por eso. Gracias por tu amor y cuidado constante. En el nombre de Jesús, amén.

Dibuja las manos de Dios y escribe allí tu nombre.

SEMANA 32

El Maestro

Lee Isaías 50:4–5

Todas las mañanas me despierta, y también me despierta el oído, para que escuche como los discípulos. (v. 4)

El Señor tiene mucho para enseñarte. Si es que le has conocido desde tu niñez o si recién estás comenzando una relación con Él, hay tanto que aprender. Dios siempre está buscando enseñarnos, por la naturaleza, circunstancias, otras personas, oración, y especialmente por la Biblia.

Cada mañana cuando te despiertas, es el Señor quien te hace despertar (¡hasta por el llanto de tu bebe!). Él despierta tu oído para escuchar lo que Él quiere enseñarte. Él quiere enseñarte de su amor y su misericordia que es nueva cada mañana. Él quiere enseñarte como amar y perdonar a otros de la misma manera que Él te ha perdonado. Él quiere enseñarte cómo ser bondadosa y compasiva y obediente. Él quiere enseñarte cómo ser una buena mamá. ¿Estás escuchando?

Padre, gracias por despertarme cada día. Ayúdame a escuchar y aprender todo lo que quieres que aprenda. Amén.

Toma un momento para escuchar a Dios. ¿Qué te está enseñando?

SEMANA 33

Un Corazón Nuevo

Lee Ezequiel 36:25–30

"Les daré un nuevo corazón y le infundiré un espíritu nuevo; les quitaré ese corazón de piedra que ahora tienen, y les pondré un corazón de carne." (v. 26)

¿Alguna vez has sentido que tu corazón es duro, como hecho de piedra? Yo sí. El pecado hace que se endurezcan nuestros corazones. A veces, como los israelitas, escogemos adorar ídolos. Probablemente no nos arrodillamos delante de ídolos, pero si ponernos más valor en dinero, poder, prestigio, belleza y popularidad de lo que damos a Jesús. Damos prioridad a metas mundanas sobre metas celestiales y se endurecen nuestros corazones. Creemos que si nuestro corazón se endurece estamos a salvo, nadie podrá herirnos otra vez.

Pero cuando nuestros corazones son duros no podemos libremente dar ni recibir amor. No podemos disfrutar la vida de amor que Dios ha planeado para nosotras. Dios nos da una solución: pídele un nuevo corazón. Él nos dará un nuevo corazón y un nuevo espíritu, uno que tiene libertad para adorarle.

Padre, quita mi corazón de piedra. Dame un corazón limpio y nuevo para poder adorarte con todo mi ser y amar a otros. Gracias por tu obra maravillosa. Amén.

¿Cuáles son los ídolos en tu vida? ¿Qué cosas interfieren en tu relación con Dios? Confiésalos ahora.

SEMANA 34

Profundidad del Mar

Lee Miqueas 7:18–19

"Vuelve a compadecerte de nosotros. Pon tu pie sobre nuestras maldades y arroja al fondo del mar todos nuestros pecados." (v. 19)

Todos hemos pecado contra Dios. Todas hacemos decisiones que son egoístas y malas, y estas decisiones nos separan de Dios, pero *"si confesamos nuestros pecados, Dios, que es fiel y justo, nos los perdonará y nos limpiará de toda maldad"* (1 Juan 1:9). Dios nos dice en Su Palabra que Él no permanece enojado para siempre sino que se deleita en mostrarnos misericordia. Dios nos dice que Él tendrá de nuevo compasión de nosotras.

Tal vez has complicado tu vida. Tal vez has tomado una mala decisión tras otra. Nunca es demasiado tarde para arrepentirse, para hacer un giro con tu vida. Dios nunca se cansa de perdonarnos. De hecho, Él arroja nuestros pecados hasta el fondo del mar.

A veces otras personas sin misericordia nos hacen acuerdo de nuestros fracasos pasados. Muchas veces estamos recordando nuestras malas decisiones vez tras vez en nuestras mentes, pero Dios nunca hace eso. Cristo murió por nuestros pecados. Él ha echado nuestros pecados tan lejos como el oriente está del occidente (Salmo 103:12).

Hoy es el tiempo de dar un giro a tu vida. Si vives un estilo de vida de pecado, confiésalo a Dios, acepta su perdón, y comienza de nuevo. Dios se deleitará y tu también.

Padre, confieso mis pecados a Ti. Por la gracia de Jesús, mis pecados no serán contados. Yo oro en el nombre precioso de Jesús. Amén.

¿Qué pecados vas a dejar?

SEMANA 35

Renovado por Su Amor

Lee Sofonías 3:17–20

"Porque el Señor tu Dios está en medio de ti como un guerrero victorioso. Se deleitará en ti con gozo, te renovará con su amor, se alegrará por ti con cantos." (v. 17)

Abrazas a tu bebé y estás preparada para protegerlo de cualquier persona o cosa que le haría daño. Él está seguro en tus brazos. Tú también estás segura en los brazos de Jesús. Él es poderoso para salvarte de cualquier cosa o persona que quiera hacerte daño.

Te deleitas en tu bebé. Te trae mucho gozo tomar en tus brazos a tu bebé y verlo sonreír. Jesús se siente igual en cuanto a ti. Él se deleita en ti. Cuando tu bebé llora, lo único que necesita es ser abrazado y acariciado por ti. Mientras lo tomas en tus brazos y lo meces, rápidamente él se tranquiliza porque siente tu amor. Así es también con Jesús. Cuando comienzas a preocuparte y angustiarte, Jesús te renovará con su amor.

Mientras le cantas a tu bebé, escúchale a Jesús regocijándose por ti con Su canto. Permite a Jesús renovarte y cuidarte. Descansa en los brazos fuertes y tiernos de tu Salvador.

Gracias, Jesús por la paz y tranquilidad que siento mientras descanso en Tu amor. Amén.

Dibuja algo o escribe una descripción de la paz que tienes en Jesús.

SEMANA 36

El Sacrificio de una Madre

Lee 1 Reyes 3:16–27

La verdadera madre, angustiada por su hijo, le dijo al rey: "¡Por favor, Su Majestad! ¡Déle usted a ella el niño que está vivo, pero no lo mate!" (v. 26)

La Biblia nos cuenta la historia de dos mujeres que vinieron donde el rey para arreglar una disputa seria. Las dos tenían bebés recién nacidos, y uno de ellos se había muerto. La primera mujer aseguró que el bebé de la otra mujer había muerto y que ella le había quitado su bebé cuando estaba dormida y lo reemplazó con el bebé muerto. La segunda mujer vehemente negó esto, insistiendo que el bebé vivo era de ella. Para resolver esta disputa, el rey pidió que le traigan una espada y ordenó que corten al niño vivo en la mitad, para dar a cada mujer una mitad. Una mujer estuvo de acuerdo con esta decisión y la otra rogó que no maten al bebé. Rogó al rey no hacer daño al bebé y que le entregue vivo a la otra mujer. El rey sabiamente entregó el bebé a la mujer que rogó por la vida del bebé, reconociendo que ella era la madre verdadera del niño.

Esta es la esencia de ser madre, sacrificar tus propios deseos para el bienestar del niño. Aunque se quebrantaba el corazón de la madre soltar a su bebé, ella hubiera sufrido con gusto para evitar ese dolor para su hijo. Mientras crece tu bebé, vas a hacer muchos sacrificios para su beneficio. Este es el llamado de la maternidad.

Gracias, Dios, por el regalo de mi bebé. Ayúdame seguirte en este reto de ser mamá. Amén.

¿Qué sacrificó Dios por ti? Escríbele una carta de agradecimiento.

SEMANA 37

La Mujer Sabia

Lee Proverbios 14:1

"La mujer sabia edifica su casa; la necia, con sus manos la destruye."

Ninguno de nosotras queremos ser necias; todas queremos ser sabias. La Biblia ofrece palabras simples de sabiduría que dicen 'edifica tu casa, no la destruyas'. Esto no se refiere a alzar paredes o poner cemento. Construir tu casa significa edificar y animar a las personas en tu casa. ¿Quién vive en tu casa—padres, esposo, amigo, hijos? Edifícalos.

Vivir juntos, construir un hogar con otros, siempre es difícil. Pueden chocar personalidades, estilos de vida y gustos. Que sea tu meta ser pacificadora. La Biblia dice, *"Dichosos los que trabajan por la paz, porque serán llamados hijos de Dios"* (Mateo 5:9). Cuando surge un conflicto, trata de estar tranquila y ser bondadosa. Aunque alguien te ha hecho algún mal, debes responder con bondad. La Palabra de Dios dice, *"Mas bien, sean bondadosos y compasivos unos con otros, y perdónense mutuamente, así como Dios los perdonó a ustedes en Cristo"* (Efesios 4:32). Mientras animas a los que están a tu alrededor, serás para ellos una bendición, y Dios te bendecirá.

Padre, ser bondadoso en mi hogar es lo más difícil. Por favor, ayúdame a perdonar a otros como Tú me has perdonado. Ayúdame a usar mis palabras para construir, no para destruir. Te amo. Amén.

¿Cómo ayudarás a edificar a las personas en tu hogar?

SEMANA 38

Honra a Tus Padres

Lee Éxodo 20:1–12

"Honra a tu padre y a tu madre, para que disfrutes de una larga vida en la tierra que te da el Señor tu Dios." (v. 12)

Todos han escuchado de las reglas de la vida que Dios dio a su pueblo a través de los Diez Mandamientos. Algunos de ellos son más difíciles de guardar que otros. Hoy quiero enfocarme en el quinto mandamiento—honra a tu padre y a tu madre. Este mandamiento no es solo para niños sino para adultos también.

El Señor nos ha mandado a honrar a nuestros padres. La Biblia no dice que debemos honrarlos sin son dignos de honra, dice simplemente honra a tus padres. Como adultos, no tenemos que obedecerlos pero si es nuestro deber honrarlos. Esto significa que debemos hablarles con respeto. Debemos hablar de ellos con respeto. Nunca debemos ser condescendientes o rudos con ellos. El Señor nos pide esto, y nos da una promesa: si es que honramos a nuestros padres, viviremos una vida larga. Queremos que nuestros hijos nos honren cuando seamos viejos. Tenemos que darles un ejemplo para ellos mientras seguimos honrando a nuestros padres con palabras y hechos.

Padre, ayúdame a honrar a mis padres. Yo necesito Tu ayuda para perdonarlos y tratarlos con respeto. Te pido que mis hijos me honren también. Oro en el nombre de Jesús. Amén.

¿Cómo vas a mostrar honra a tus padres?

SEMANA 39

El Legado de una Madre

Lee 2 Timoteo 1:3–5

Traigo a la memoria tu fe sincera, la cual animó primero a tu abuela Loida y a tu madre Eunice, y ahora te anima a ti. De eso estoy convencido. (v. 5)

Timoteo fue un hombre de Dios. Fue un siervo fiel. La Biblia nos dice que su abuela, Loida, fue una mujer de fe. Como una madre piadosa, crió a su hija quien también llegó a ser una mujer de fe. A su vez, Eunice vivió una vida de fe y su hijo, Timoteo, llegó a ser un hombre de fe.

Nunca menosprecies tu influencia como madre. En el camino tendrás fallas, como todas. Pero si vives una vida de fe, una vida de mirar a Dios para dirección y confianza que Él va a suplir todas tus necesidades, tus hijos se van a dar cuenta. Ellos te van a mirar para ver si tu confianza está en Dios en tiempos malos y buenos. Tú puedes dar un legado hermoso a tu hijo, el legado de una fe sincera. Tal vez no vas a tener riquezas mundanas para dejar a tu hijo, pero un legado de fe es más valioso y duradero que cantidades grandes de riquezas.

Padre, ayúdeme a tener fe en Ti Ayúdame a enseñar a mi bebé con mis palabras y hechos que tengo fe en Tí. Gracias por tu fidelidad. En el nombre de Cristo, amén.

¿Cómo puedes dejar un legado de fe para tu bebé?

SEMANA 40

Del Vientre de Tu Madre

Lee Salmo 22:9–10

Fui puesto a tu cuidado desde antes de nacer;
desde el vientre de mi madre mi Dios eres tú. (v. 10)

No sé cuando comenzaste a confiar en Dios. Tal vez has confiado en Él toda tu vida o tal vez recién estás comenzando tu vida con Dios. Sin importar eso, tu deseo es que tu bebé siga a Jesús toda su vida. La Palabra de Dios nos dice que una vida que sigue a Dios puede comenzar desde muy joven. Tu bebé no tiene que esperar para cometer errores y sufrir las consecuencias de sus malas decisiones. Él/ella pueden seguir a Dios todos los días de su vida.

La Biblia habla de confiar en Dios desde el regazo de nuestra madre. ¡Qué consuelo que esto te da! Tu bebé puede tener el cuidado y protección de Dios desde el comienzo. Mientras tú le enseñas a caminar, a hablar y a comer solito, también le puedes enseñar a orar y a cantar alabanzas y a confiar en Dios para todas las cosas. Tú le puedes ayudar a desarrollar hábitos de ir a la iglesia, leer la Biblia y buscar a Dios en cada situación.

Padre, te doy gracias porque has sido el Dios de mi bebé desde que estuvo en mi vientre. Gracias porque él está confiando en Ti desde mi regazo. Tú eres un Dios amoroso y poderoso. Amén.

Escribe una descripción de tu bebé.

SEMANA 41

Tu Recompensa

Lee Salmo 127

Los hijos son una herencia del SEÑOR, los frutos del vientre son una recompensa. (v. 3)

Tu hijo es una recompensa de Dios, una bendición para ti. Tal vez estás enfrentando circunstancias muy difíciles en tu vida, pero Dios te ha dado una bendición muy grande en medio de las tribulaciones. Tu bebé es tu recompensa. En este salmo, el Señor nos recuerda, "*Si el SEÑOR no edifica la casa, en vano se esfuerzan los albañiles*" (Salmo 127:1). Construye tu vida en la roca sólida de Jesús. Mientras tomas decisiones sobre el trabajo, dinero, alojamiento y cuidado de tu bebé, busca la voluntad de Dios. Ora. Lee tu Biblia. Sigue el plan de Dios. Él te va a guiar en todas tus decisiones. Él les protegerá a ti y a tu bebé.

Este salmo nos recuerda que todo lo que haces es una gran pérdida de tiempo si no estás siguiendo a Dios. Y después Dios nos dice, "*Porque Dios concede el sueño a sus amados*" (Salmo 127:2).

¡Qué promesa más hermosa para madres nuevas! Tu bebé tal vez te está haciendo levantar a toda hora de la noche, pero Dios te ama y te dará el descanso. Y porque Dios les está protegiendo a ti y a tu bebé, tu puedes dormir en tranquilidad sabiendo que estás en buenas manos.

Gracias Padre por tu amor y tu cuidado. Gracias por mi bebé. Ayúdame a criarle para que siempre pueda amarte. Amén.

Escribe sobre cómo tu bebé te ha bendecido.

SEMANA 42

El Plan de Dios para Ti

Lee Jeremías 29:11–14

"Porque yo sé muy bien los planes que tengo para ustedes," afirma el SEÑOR, "planes de bienestar y no de calamidad, a fin de darle un futuro y una esperanza." (v. 11)

Dios tiene un plan para ti. Tú puedes confiar en Él. A veces tenemos la tentación de tomar el control propio de nuestras vidas. Tal vez tienes personas en tu vida que tenían que cuidar de ti y no lo hicieron. Tal vez tus padres te hirieron o fallaron en protegerte de otros. Tal vez el padre de tu bebé te abandonó. Entonces estás tentada a endurecer tu corazón y tomar control de tu vida. Esto solo va a traer más dolor a tu corazón.

Dios es el Padre perfecto. Él promete nunca abandonarte (Josué 1:5). Vas a estar decepcionada por algunas personas. Dios nunca te va a decepcionar. Dios tiene un plan para ti, y Su plan es de bienestar y de esperanza. Los planes de Dios siempre son lo mejor para ti. Él te ama y siempre te protegerá.

No trates de tomar control de tu vida. Puedes confiar que Dios siempre hará lo mejor para ti. Él te escuchará. Si has sido cautivada por el pecado o la tristeza, Él te rescatará y te traerá de vuelta a la seguridad de Sus brazos. Corre hacia sus brazos hoy.

Señor, yo no quiero tomar control de mi vida. Yo te rindo mi vida. Yo creo que tu camino es siempre el mejor camino. Yo te seguiré hasta donde Tú me guíes. En el nombre precioso de Jesús, amén.

Escribe tu propia oración, dándole control de tu vida.

SEMANA 43

Amor

Lee 1 Corintios 13

Ahora, pues, permanecen estas tres virtudes: la fe, la esperanza y el amor. Pero la más excelente de ellas es el amor. (v. 13)

Con el nacimiento de tu hijo, estás aprendiendo del amor en una forma muy nueva. Tal vez has experimentado amor en el pasado, pero el amor que una madre tiene para su bebé es una cosa nueva y maravillosa. Tal vez no sabes exactamente cómo amar a tu bebé. Dios nos ha dado todo este capítulo para describirnos el amor.

Él nos dice que el amor es paciente. Ser madre requiere de mucha paciencia. El amor es bondadoso. No se enoja fácilmente. Tal vez te enojas fácilmente, pero mientras aprendes a amar a tu bebé, aprenderás a controlar eso. El amor siempre protege. Porque amas a tu bebé, lo vas a proteger. El amor siempre tiene esperanza. Tal vez estás enfrentando situaciones ahora o en el futuro que parecen ser sin esperanza, pero por el amor, tendrás esperanza a pesar de las circunstancias. El amor persevera. Vas a tener tiempos cuando vas a querer darte por vencida, pero no lo harás, por amor. El amor nunca falla. Dios te ama con un amor que nunca falla. Por el amor y cuidado que Él te da, tú puedes amar y cuidar a tu bebé.

Gracias, Señor por amarme y por enseñarme como amar a mi bebé. Llena mi corazón y vida de Ti. Amén.

Escribe una carta de amor a tu bebé.

SEMANA 44

El Poder de Dios

Lee Efesios 3:14–21

Al que puede hace muchísimo más que todo lo que podamos imaginarnos o pedir, por el poder que obra eficazmente en nosotros, ¡a él sea la gloria en la iglesia y en Cristo Jesús por todas las generaciones, por los siglos de los siglos! (vv. 20–21)

¡Dios tiene grandes cosas preparadas para ti! Dios tiene riquezas gloriosas y de Sus riquezas, Él te fortalece con poder por Su Espíritu, quien vive y trabaja en ti. Si tú has recibido a Jesús como tu Salvador, tú tienes al Espíritu Santo en ti.

¿Te sientes débil? Sé fortalecida por el poder de Dios. El amor que Cristo tiene para ti es ancho, y largo, y profundo, y alto. Dios es poderoso para hacer mucho más de lo que nos podemos imaginar o pedir. ¡Imagínate—el poder de Dios obrando en ti! Tú nunca necesitas sentirte débil o derrotada o desamparada. Dios está a tu lado. Si Dios está contigo, ¿quién puede estar en contra tuya (Romanos 8:31)?

Cuando recibes a Cristo como tu Salvador, el Espíritu Santo mora en tu corazón y vida y te da poder para vivir una vida de amor, una vida de propósito. No temas. ¡Los planes de Dios son aun más glorioso de lo que tú puedes imaginar!

Dios, te doy gracias por salvarme por medio de Jesucristo. Te doy gracias por tu amor y Tu poder. Ayúdame a conocer Tu amor y ser fuerte en Ti. En el nombre de Jesús, amén.

¿Qué sueñas hacer para Dios?

SEMANA 45

Todo Es Posible

Lee Marcos 9:14–29

"Para el que cree, todo es posible." (v. 23)

La Biblia cuenta una historia de un hombre que tenía un hijo poseído por un espíritu maligno. El espíritu lo dejó mudo. Le causaba convulsiones, tirándole al suelo, rígido y remordiéndose los dientes. El padre del joven le dijo a Jesús que frecuentemente el espíritu tiraba a su hijo al fuego o al agua para matarlo. El padre les había pedido a los discípulos que echen fuera al espíritu, pero no pudieron. En desesperación, el padre llevó el niño a Jesús. Le pidió que les ayude si es que podía.

Jesús se asombró cuando el padre pregunto si es que podía ayudarles. Jesús les dijo que todo es posible para aquel que cree.

Tal vez tú tienes preocupaciones por tu bebé. Tal vez él está enfermo o con discapacidad. Como este padre, lleva a tu bebé ante Jesús. El padre del niño dijo a Jesús, "*¡Sí creo! . . . ¡Ayúdame en mi poca fe!*" (Marcos 9:24). Dios te quitará tus dudas cuando vas a Él con fe. Nada es imposible para Dios. Confía en Él hoy.

Padre, yo quiero confiar completamente en Ti. Ayúdame a vencer mi incredulidad. ¡Yo creo que todo es posible a través de Ti! Te amo. Amén.

¿Que cosa imposible puede Dios hacer para ti?

SEMANA 46

Perdonada

Lee Lucas 7:36–50

"Por esto te digo: si ella ha amado mucho, es que sus muchos pecados le han sido perdonados. Pero a quien poco se le perdona, poco ama." (v. 47)

¿A veces te sientes avergonzada por tu pasado, con temor de venir ante Dios por tus pecados pasados? En este pasaje de la Biblia, Jesús estaba cenando con los líderes religiosos cuando vino donde Jesús una mujer que vivía una vida pública de pecado; llorando besó sus pies y regó perfume sobre ellos. Los líderes criticaron a Jesús porque permitió que esta mujer tocara sus pies.

Jesús respondió contando una historia. Él contó la historia de dos hombres que tenían deudas de dinero; el uno debía diez veces más que el otro. A los dos se les perdonó sus deudas, no tenían que devolver el dinero que debían. Jesús preguntó, ¿quién amaría más al dueño del dinero, el hombre a quien se le perdonó una deuda pequeña o aquel a quien se le perdonó una deuda grande? Por supuesto, la respuesta es el hombre que tenía la deuda más grande. Porque el hombre al que se le había prestado más dinero se le perdonó más y estaba mucho más agradecido que aquel a quien se le perdonó menos.

Tal vez tú eres como la mujer de este relato que fue culpable de muchos pecados. Si has confesado tus pecados a Dios y has creído que Cristo te ha perdonado, tú estás completamente perdonada. Jesús te da la bienvenida a Su presencia. Tus muchos pecados son perdonados. Adórale libremente ante sus pies.

Padre, confieso que yo soy una pecadora. Gracias por salvarme. Yo alabo Tu santo nombre. Amén.

Confiesa tus pecados. Alaba al Señor.

SEMANA 47

Sin Faltar Ni una Cosa Buena

Lee Salmo 34

Los leoncillos se debilitan y tienen hambre pero a los que buscan al Señor nada les falta. (v. 10)

¡Prueba y mira que el Señor es bueno! (Salmo 34:8). Nunca dudes de la bondad de Dios. Dios es completa y enteramente bueno. Todo lo que Él hace es bueno, sin excepción.

A los que buscan a Dios no les falta ninguna cosa buena. Este es un tema que se repite en la Biblia. Problemas vendrán a tu vida. Experimentarás tristeza, pero con Dios, la tristeza nunca es el final de la historia. *"Si por la noche hay llanto, por la mañana habrá gritos de alegría"* (Salmo 30:5). Dios es nuestro sanador, rescatador, nuestro refugio. Él nos da toda buena dádiva porque nos ama. Hoy es el día para alabarle y agradecerle por quien Él es y por lo que Él ha hecho por nosotras.

Si sientes que algo falta en tu vida, busca al Señor. La Palabra de Dios nos dice que Él está cerca de los quebrantados de corazón. Una mujer piadosa puede tener muchos problemas, pero el Señor la libra de todos ellos (Salmo 34:19). Si tienes necesidades, clama al Señor. Sus oídos están atentos a tu clamor. Él te ama y proveerá para ti en todo.

Padre, gracias por tus provisiones para mí. Te agradezco que oigas mis clamores y que no me falte ninguna cosa buena porque te busco. En el nombre de Jesús, amén.

Pide al Señor lo que necesitas. Agradécele por proveer para ti.

SEMANA 48

Escoge Vida

Lee Deuteronomio 30:11–20

"Hoy pongo al cielo y a la tierra por testigos contra ti, de que te he dado a elegir entre la vida y la muerte, entre la bendición y la maldición. Elige, pues, la vida, para que vivas tú y tus descendientes. Ama al SEÑOR tu Dios, obedécelo y sé fiel a él." (vv. 19–20)

Todos los días tomamos muchas decisiones. Algunas son muy triviales (¿mostaza o mayonesa?), y otras tienen gran importancia. Algunas opciones cambian la vida. Cuando descubriste que estabas embarazada, tenías que tomar una decisión. Tal vez fue una decisión muy difícil. El hecho que estás leyendo este libro significa que escogiste vida. ¡Una hermosa decisión de la cual nunca te arrepentirás! Le diste a tu bebé el regalo más precioso—el regalo de la vida. Nadie más podía hacer eso.

El Señor está complacido por tu decisión. Él sabe cuánto te costó, y Él te va a bendecir grandemente a través de este bebé. Mientras continúas amando y obedeciendo al Señor, Él continuará bendiciéndote. Seguir a Dios no siempre es fácil pero siempre trae paz y gozo y bendiciones para ti y tu bebé.

Padre, gracias por el regalo de la vida. Te doy gracias por mi vida y la vida de mi bebé. Ayúdame seguirte todos los días de mi vida. En el nombre precioso de Jesús, amén.

Escribe sobre tu bebé.

SEMANA 49

Gran Responsabilidad

Lee Deuteronomio 6:1–9

"Incúlcaselas continuamente a tus hijos. Háblales de ellas cuando estés en tu casa y cuando vayas por el camino, cuando te acuestes y cuando te levantes." (v. 7)

¡El Señor ha hecho grandes cosas para ti! Piensa en tu pasado y recuerda las veces que Dios te ha protegido. Piensa en las personas que Él ha puesto en tu vida para ayudarte y animarte. Recuerda a las personas que te enseñaron del amor de Jesús. Dios tenía su mano sobre ti desde el vientre de tu madre.

Dios nos dice que debemos amarle con nuestro corazón, mente, alma y fuerzas (Marco 12:20). Él nos dice que no solo debemos guardar sus mandamientos en nuestros corazones pero también debemos enseñarles a nuestros hijos. No debemos hacer esto de vez en cuando sino todos los días. Dios nos dice que debemos enseñar a nuestros hijos de Él cuando nos sentamos, cuando caminamos, cuando nos acostamos y cuando nos levantamos. Él nos dice que debemos amarrar sus mandamientos sobres nuestras manos o en nuestras frentes (Deuteronomio 6:8).

Debemos estar enseñando a nuestros hijos sobre Dios todo el tiempo. Esto es un gran privilegio y responsabilidad. Es muy bueno llevar a su hijo a la iglesia o escuela bíblica, pero no es suficiente. Tu hijo necesita oír la Palabra de Dios de *tu* boca. Cuenta a tu bebé de Dios y como Él lo ama. Comienza hoy.

Padre, eres grande y poderoso. Nadie se compara a Ti. Yo oro para que mi bebé te siga toda su vida. Amén.

Escribe una carta a tu bebé contándole de la bondad de Dios.

SEMANA 50

Vivir por Fe

Lee Romanos 8:28–39

Ahora bien, sabemos que Dios dispone todas las cosas para el bien de quienes le aman, los que han sido llamados de acuerdo con su propósito. (v. 28)

La vida sobre la tierra puede ser difícil. Esto es verdad para el pueblo de Dios también. El pueblo de Dios sufre tantas pérdidas como los que rechazan a Dios. Los cristianos se enferman, pierden sus trabajos, se divorcian y pierden a sus seres queridos. Vivimos en un mundo de pecado, y no somos libres del sufrimiento.

La diferencia para quienes siguen a Cristo es que Dios dispone todas las cosas para el bien de quienes lo aman. Ninguna de nosotras queremos sufrir, pero confiamos en Dios para disponer el bien a través del sufrimiento. El sufrimiento nos hace acercar más a Dios cuando confiamos en Él a pesar de lo que vemos. Eso se llama fe, el estar seguro de lo que no podemos ver (Hebreos 11:1). Podemos estar seguras de que Dios siempre tiene el mejor interés para nosotras en su corazón. Entonces vivimos por fe y no por lo que podemos ver (2 Corintios 5:7), sabiendo que absolutamente nada nos podrá separar del amor que Dios nos ha manifestado en Cristo Jesús nuestro Señor (Romanos 8:38–39).

Padre, Yo te agradezco que estás disponiendo todas la cosas para bien en mi vida. Yo te doy gracias porque me has llamado de acuerdo a tu propósito. Yo alabo Tu nombre. Amén.

Da un ejemplo de tu vida de algo que Dios ha dispuesto para tu bien.

SEMANA 51

Leche Espiritual

Lee 1 Pedro 2:1–3

Deseen con ansias la leche pura de la palabra, como niños recién nacidos. Así, por medio de ella, crecerán en su salvación, ahora que han probado lo bueno que es el Señor. (vv. 2–3)

Mira a tu bebé mientras ansiosamente toma de tu seno o de un biberón. Él está ansioso por la leche. Así es como Dios quiere que nos acerquemos a Su Palabra, con hambre. Cuando recibimos a Cristo como Salvador, la Biblia nos dice que nacemos de nuevo. Como recién nacidos necesitamos leche para crecer, leche espiritual. Esta leche es la Palabra de Dios. Nutre nuestro espíritu como la leche nutre el cuerpo de un bebé.

Sin leche, un bebé no puede crecer apropiadamente. Si no pasamos tiempo leyendo y estudiando la Biblia, nuestros espíritus no pueden crecer adecuadamente. Tu bebé puede pasar solo un cierto tiempo sin leche antes de que comience a llorar. Debemos hacer lo mismo. Debemos tener hambre de la Palabra de Dios y no quedar satisfechas con cualquier otra cosa.

Los bebés necesitan comer todos los días. Nosotras también. Abre todos los días tu Biblia para ser alimentada en tu espíritu ahora que has probado y visto que Dios es bueno.

Padre, aliméntame de Tu Palabra. Enséñame todo lo que necesito saber. Enséñame lo que quieres que yo haga. Amén.

¿Qué te ha enseñado Dios en Su Palabra?

SEMANA 52

Cadenas Rotas

Lee Salmo 78:1–8

Para que los conocieran las generaciones venideras y los hijos que habrían de nacer, que a su vez los enseñarían a sus hijos. (v. 6)

A veces las familias experimentan un pecado generacional. Esto es cuando hay un pecado cometido por un padre o madre y es repetido por los hijos y los nietos, generación tras generación. Un padre abusa a su hijo, quien a su vez abusa a su hijo, quien abusa a su hijo. La hija de un alcohólico llega a ser una alcohólica, y su hijo también abusa el alcohol.

Esto no tiene que seguir así. Aunque hubiera pecado generacional en tu familia, un nuevo patrón puede ser establecido a través de Dios, comenzando contigo! No tienes que ser como tus antepasados. Por Cristo, eres una creación nueva. Las cadenas del pecado ya no te tienen cautiva. Estás libre para adorar y servir a Dios y Él te dará el poder para crear nuevos patrones para tus hijos, nietos y generaciones por venir.

Padre, te doy gracias porque has roto las cadenas del pecado. El pecado no tiene poder sobre mi, por la obra completa de Cristo en la cruz. Gracias porque los patrones de vivir piadosamente comienzan conmigo. En el nombre precioso de Cristo, amén.

¿Qué patrones de pecado vas a romper con el poder y ayuda de Cristo? Escribe una oración propia, agradeciendo a Dios por cadenas rotas y la vida victoriosa que tienes en Él.